OBSERVATIONS
SUR
LE SALLON DE 1785.

Redigé par M. l'abbé de Fontenay
Sur les Mem. donnés par quelqu'un
de l'Acad. de Peinture.

Le Sel et la contreverité des portraits
& du caractere de plusieurs des peintres
nommés & loüés successivement.

OBSERVATIONS SUR LE SALLON DE 1785,

Extraites du Journal Général de France.

LE temps du Sallon eſt celui des écrits qu'on appelle *critiques*. Beaucoup de perſonnes s'en amuſent plus que des ouvrages qui les font naître. Les Auteurs de ces Feuilles légères piquent l'intérêt de diverſes manières. Ceux-ci s'acharnent ſur les talens, ſouvent même ſur les perſonnes, & par-là ſervent les petites jalouſies des artiſtes qui les dirigent pour l'ordinaire. Ceux-là, dans l'intention d'élever les talens qu'ils adoptent excluſivement, diſtribuent la ſatire ſur preſque tous les autres. Il eſt de ces faiſeurs de pamphlets, qui ne penſent qu'à ſervir les rieurs par des calembourgs, des enluminures, de mauvais vers ou de plates chanſons.

Ce qu'il y a d'étonnant, c'eſt qu'on ſe permette ces ſaillies contre des hommes occupés des Arts les plus nobles, & qui retirent ſi rarement des avantages pécuniaires de ces expoſitions. Leurs tableaux peuvent être endommagés, & le paiement de leurs travaux ſouvent retardé : leur réputation court des riſques ; &, ce qui eſt pire encore, ils ſont obligés de ſe ſoumettre aux jugemens toujours inexorables de leurs confrères décorés des charges académiques. . . . . .

S'il eſt donc vrai que, dans nul état honnête, on n'éprouve des déſagrémens plus marqués pour ſe montrer en public, ſi dans nul état on ne le fait avec moins de motifs d'intérêt, avec combien d'égards les Auteurs doivent-ils parler de citoyens eſtimables, & que la plus noble émulation expoſe à leurs traits ? Ces ſentimens nous ont toujours dirigés dans le compte que nous avons rendu des ouvrages des divers Sallons : nous n'en changerons pas aujourd'hui. Impartialité, vérité, décence : voilà les guides que nous ſuivrons. S'il étoit quelque Artiſte diſpoſé à ſe choquer de nos obſervations critiques, il oublieroit que nul homme n'eſt capable de perfection, que ſans lui manquer d'égards on peut relever ce qui paroît défectueux, tant pour ſon avantage & celui de ſes confrères, que pour le bien commun des Arts.

Commençons par M. *Vien*, qu'on regarde avec raiſon comme le chef de notre Ecole vivante, autant par la révolution frappante qu'il y a opérée, que par la longue ſuite & la nature de ſes travaux. Il enrichit conſtamment l'expoſition publique, & vient encore y briller cette année. Le ſujet de ſon Tableau (pour le Roi) eſt le vieux

& malheureux *Roi Priam, ramenant du camp des Grecs le corps de ſon fils Hector.* La diverſité des douleurs dans les diverſes perſonnes qui tenoient à ce héros, eſt admirablement exprimée par la différence des attitudes. Les mouvemens de M. Vien ne ſont pas véhémens : c'eſt en ſuppoſant un ſentiment profond à ſes perſonnages qu'il rend leurs paſſions ; & ce ſtyle qui nous paroît froid, eſt ſouvent celui des Antiques. Accoutumés dans nos Tableaux à des attitudes trop théâtrales, nous ne regardons point comme aſſez animées celles de ces figures qui ſont ſimplement poſées. D'après ces principes puiſés chez les Anciens, ne doit-on pas croire que c'eſt le public François qui a tort, ſur-tout quand il eſt queſtion d'une ſcène grecque?

Ce que nous venons de dire ne juſtifie pas le grand Artiſte dont nous parlons, d'avoir donné un caractère & une attitude peu majeſtueuſe à Priam. Il eſt plongé dans une grande douleur ; ſa tête eſt belle : mais ce n'eſt ni l'expreſſion ni le caractère d'un Roi. Son mouvement eſt celui d'un homme qui arrive pour voir ce qu'on lui apporte. N'étoit-ce pas à lui à préſenter le corps de ſon fils? *Caſſandre*, la Prophéteſſe *Caſſandre*, a-t-elle une attitude aſſez exaltée? Au reſte, le coin droit du tableau offre la plus belle, la plus noble figure dans celle d'un des fils du Roi : elle eſt digne des plus grands Maîtres. La figure (1) d'Hector eſt d'une beauté achevée. En général, rien n'eſt mieux peint, rien n'eſt d'un effet plus doux, ni d'un ton de couleur plus harmonieux que ce beau Tableau ; & pour quelques légères taches qu'un examen très-recherché y fait à peine découvrir, il n'en eſt pas moins une des plus précieuſes productions ſorties de notre Ecole.

Deux Elèves, rivaux de cet habile Artiſte, ſe diſputent à qui ſera digne de lui ſuccéder ; MM. *David* & *Peyron*. Le premier, dont les talens rares ſe ſont déjà annoncés d'une manière éminente, vient d'expoſer le *Serment des Horaces* (Tableau pour le Roi), qu'il eſt allé compoſer près du tombeau de ces illuſtres Romains. Il n'eſt pas poſſible de porter plus loin l'illuſion des effets de lumière. Les figures de cette ſuperbe compoſition ne tiennent pas au fond du Tableau, dont l'œil parcourt toute la profondeur. La ſimplicité & l'énergie de l'ordonnance ſont dignes des temps ſimples & héroïques dont on nous donne ici le vrai portrait. Le ton de couleur eſt auſſi Romain,

(1) Obſervons que ce corps d'Hector eſt à-peu-près poſé comme *le Méléagre* antique. *Le Pouſſin* l'a copié deux ou trois fois. M. *David* a poſé de même ſon Hector dans le dernier Sallon ; & M. *Bardin*, dans ſon *Extrême-onction*, les a tous ſuivis. Quelque belle que ſoit une attitude, tous les Peintres doivent-ils la copier ?

ſans avoir rien de ce noir lourd, défaut dont M. David s'eſt corrigé auſſi promptement que ſes Copiſtes l'ont adopté. La figure du père des Horaces, qui préſente les épées à ſes fils courageux, eſt digne, nous oſons le dire, des plus grands Peintres & du plus bel Antique. Le groupe des femmes affligées eſt d'un naturel qui pénètre l'ame : peut-être cependant les caractères de douleur n'y ſont-ils pas aſſez variés. Le groupe des trois Horaces eſt d'un ſtyle impoſant & d'un mouvement terrible par les trois bras qui ſe dirigent tous vers le même objet, LES ARMES. Mais eſt-il poſſible que, ſans une convention bien étudiée, trois corps, & chacun avec leurs deux jambes, ſe trouvent à égal *écartement* & en mouvement abſolument pareil à celui de trois corps inanimés en perpective ? Le ſimple a du ſublime : s'il n'en exiſtoit pas d'autres exemples, M. David le prouveroit ; mais l'égalité eſt un défaut, puiſque la nature n'en montre preſque jamais. Nous ne nous étendrons pas ſur toutes les beautés de détail : diſons, en un mot, qu'elles ne laiſſent rien à deſirer. M. David par cet ouvrage ſupérieur, ſe montre un de ces hommes rares faits pour illuſtrer notre Nation, & pour marquer dans les plus beaux temps des Arts.

On voit encore de lui le *Béliſaire* en petit avec quelques changemens, & l'on remarque avec ſatisfaction une tête plus noble dans la figure du Héros. Le portrait d'Homme qu'il a auſſi donné, eſt vrai comme tout ce qui ſort de ſes mains.

M. Peyron, moins nerveux, eſt un Compoſiteur ingénieux : il poſe & ajuſte ſes figures dans le meilleur ſtyle ; il donne des caractères forts à ſes têtes : mais il affectionne un ton abſolument trop noir dans ſes ombres. Ce n'eſt point ſur le coloris que nous appuierons notre critique. On ſait que cette qualité ne s'acquiert jamais : il faut être Coloriſte né ; mais c'eſt la vérité dans les tons des ombres que nous engageons M. Peyron à étudier. S'il ne ſuppoſe pas ſes ſcènes dans la nuit, comme le montrent aſſez les parties éclairées de ſes Tableaux, ſes ombres aſſurément ne doivent pas être auſſi noires.

Ses eſquiſſes, dont l'une eſt *Béliſaire*, & l'autre *Cornélie*, promettent les parties les plus diſtinguées de *la grande Hiſtoire.* Le ſujet d'*Alcibiade*, moins ferme, eſt peut-être auſſi moins exprimé. Son grand Tableau (pour le Roi), dont le ſujet eſt la *Mort d'Alceſte*, inſpire de la triſteſſe. Il y en a dans toutes les figures, mais avec trop d'égalité. La figure d'*Admette*, tranquillement aſſis, ne donne l'idée ni de déchirement d'un ſi tendre époux à la mort de ſon épouſe, ni des ſentimens de reconnoiſſance que doit lui inſpirer un ſacrifice ſi généreux.

Dans un petit Tableau, M. *Ménageot* a représenté *Hercule ramenant Alceste à son époux après l'avoir tirée du séjour des morts.* On a dit assez plaisamment que M. *Peyron* & lui s'étoient entendus pour rendre au vrai le degré de tendresse des époux de nos jours, qui se séparent froidement & se revoient de même. M. Ménageot ne s'est pas montré pur dessinateur dans cet ouvrage, ni sectateur des caractères des têtes grecques : la couleur & le pinceau en sont agréables. Un Tableau pour le Roi, *Cléopâtre versant des larmes & jettant des fleurs sur le tombeau de Marc-Antoine*, lui a été confié.

Ce Tableau est large & d'un bon ton. On suit avec plaisir cet Auteur dans la disposition & les mouvemens de ses figures. *Cléopâtre* est dans une attitude d'abandon fort noble. Une femme à genoux, tient une guirlande de fleurs : ne devroit-elle pas plutôt les lui présenter dans une corbeille ? Cette femme est drapée dans le genre *antique.* Le point difficile à cet égard est de ne point exagérer ses modèles. Pour les suivre, il arrive qu'on met quelquefois de la roideur. Ce n'est pas chez les Anciens que M. Ménageot a pris ce petit Page qui soutient le manteau de la Reine : cette idée vient plutôt de Venise que de l'Egypte. Quelques incorrections d'*ensemble* & de *détails* déparent ce Tableau, dont les masses solides & fermes font de loin un bon tout.

Cette espèce de mérite manque au *massacre de Priam & de ses fils*, Tableau pour le Roi, peint par M. *Renaud*; & par-là, il perd beaucoup de ses beautés de dessin & d'exécution, qui, dit-on, y brillent, vu de près. Les plans n'y sont pas plus expliqués que les effets : la lumière semble venir de tous côtés. Pour avoir voulu donner du mouvement, l'œil a peine à s'arrêter sur quelques objets.

M. *Suvée* s'est laissé entraîner dans un défaut contraire. Son Tableau (pour le Roi) est froid & inanimé.

> L'un n'est pas trop fardé; mais sa muse est trop nue :
> L'autre a peur de ramper, il se perd dans la nue.
>
> Boil. Art poét.

Ni le *pieux Enée*, ni sa famille, ni le fond du Tableau ne se ressentent du sac de Troye. Au surplus, cette tranquillité a l'avantage de laisser appercevoir des parties très-correctement dessinées : ainsi les détails y gagnent. Mais cet avantage est foible dans les grandes machines, lorsqu'il n'est pas soutenu de grandes formes, d'un bon ton de couleur, lorsque les caractères ne sont ni héroïques, ni pathétiques, tels qu'ils conviennent pour ce sujet ardent, si l'on peut se servir de ce terme. Les talens de M. Suvée ont besoin de ſcènes tranquilles, pour être dans toute leur valeur. *La Mort de Cléopâtre*, ſujet d'un autre Tableau de ſa main, étoit bien mieux fait pour lui : auſſi y remarque-t-on de grandes fineſſes de deſſin dans les chairs & les draperies. Un peu plus de ſoupleſſe dans l'attitude de Cléopâtre & de rondeur dans tous les objets, eſt ce qu'on a paru y deſirer.

Alexandre, accompagné d'Epheſtion, vient viſiter les femmes de Darius ſes priſonnières. (Tableau de M. *de la Grenée* l'aîné, pour le Roi). Quel ſujet ! *Mignard*, le grand *Mignard*, ſi célèbre par les graces de ſon pinceau, par ſes compoſitions poétiques des appartemens de S. Cloud, par le caractère de ſon deſſin au Val-de-Grace ; Mignard enfin, avec toute ſon exactitude dans le coſtume, a échoué en voulant lutter contre *le Brun* dans un ſujet à-peu-près ſemblable à celui dont nous parlons ; & ce que Mignard n'a pu faire, M. de la Grenée, dont le deſſin eſt plus exact que grand, dont le pinceau eſt plus doux que nerveux, qui connoît les graces de l'agencement, mais qui ne s'eſt jamais occupé du coſtume ; M. de la Grenée l'a entrepris en préſence des Romains. Nous l'abandonnerons au milieu des critiques qui l'aſſaillent de toutes parts : elles le puniront aſſez, s'il y eſt ſenſible, de ſa perſévérante volonté à entreprendre de grandes & héroïques machines. Entretenons-nous d'un très-joli petit Tableau repréſentant *les Chevaliers Danois que les Nymphes enchantereſſes, placées par Armide, cherchoient à ſéduire.* Nous ne vanterons pas les figures des Chevaliers. Une couleur plus fraîche que puiſſante, mille agrémens dans le ſtyle & dans l'exécution, ſont les dons que la nature a départis à l'Auteur de cet ouvrage. Les ſujets doux & agréables, les Tableaux de petites formes lui conviennent donc excluſivement. Les graces d'*Armide*, les traits galans du *Taſſe* doivent occuper les pinceaux de M. de la Grenée, comme autrefois ceux de *le Moine*. Qu'il laiſſe *Tite-Live*, *Plutarque*, *Quinte-Curce* à des têtes plus brûlantes, à des Peintres d'un ſtyle plus ſévère.

En tout ceci, comme nous l'avons annoncé, l'eſprit de critique ne dirige pas nos opinions. La vérité ſeule les conduit : ce que nous diſions de M. *Lépicié*, vivant, nous le répétons après ſa mort, & tout le monde avec nous. Il s'eſt fait peu d'honneur dans les grandes entrepriſes : celles de petites formes lui convenoient ſeules. On vient d'expoſer quelques Tableaux particuliers de ce charmant Peintre, dont le Public n'avoit pu jouir ; & ils ont le plus grand ſuccès. Nous citerons particuliérement l'*intérieur d'une Ferme*, & l'*Attelier d'un Menuiſier, dans lequel une Maman apprend à lire à une petite fille.* Le choix des ſujets, le précieux rendu de tous les objets, un coloris frais, une touche ſpirituelle & légère rendent ces Tableaux dignes des plus précieuſes collections. M. Lépicié eſt vraiment *le Teniers* par excellence de la France. Quelle manie inexplicable l'a toujours déterminé à ſolliciter de grands Ouvrages, des ſujets d'Hiſtoire? Comment n'a-t-il pas craint de compromettre ceux qui les lui confioient? Aſſurément l'appât du gain ne le conduiſoit pas : les grands Ouvrages en procurent bien moins que les petits ; & que de temps perdu pour ſa réputation, & même pour la gloire de l'Ecole Françoiſe !

Les mœurs de M. Lépicié avoient de l'analogie avec ſon genre de peinture : elles étoient ſimples, douces ; & ſes amis l'ont juſtement regretté. S'il a ſenti quelques légères atteintes d'envie, c'eſt qu'elles ſont preſque inſéparables des *gens d'Arts*, comme des *gens de Lettres ;* c'eſt qu'il ambitionnoit une réputation dans un genre où preſque tous ſes rivaux le ſurpaſſoient. M. Lépicié auroit pu produire des Ouvrages qui euſſent augmenté celle qu'il s'étoit juſtement acquiſe dans le genre familier : mais la délicateſſe de ſa poitrine nous l'a enlevé avant qu'il eût atteint cinquante ans, âge auquel il n'étoit encore parvenu que par la tempérance la plus ſoutenue & la plus générale.

Reprenons l'examen des grands Tableaux exposés au Sallon.

On ne sait pourquoi M. *le Monnier*, dans le Tableau où *S. Charles Borromée porte la Communion aux pestiférés*, a habillé ce S. Prélat en soutane violette. Neveu du Pape *Pie IV*, S. Charles avoit été fait Cardinal à l'âge de 22 ans. Si le Peintre n'a pas été autorisé à prendre ce parti par quelque opinion particulière, il auroit pu suivre la route qui lui avoit été frayée par les autres Peintres, & faire la soutane du Cardinal rouge. Si c'est une faute de costume, elle est plus excusable que les incorrections de dessin qu'on remarque dans ce Tableau. La tête du principal personnage est forte, & l'Ange exterminateur est roide, avec peu de vérité des formes. L'accord des tons, & l'agencement des draperies sont plus familiers à M. le Monnier. Qu'il se soutienne dans les parties qu'il possède, sans chercher celles pour lesquelles il annonce moins de talent. Le succès qu'il vient d'obtenir doit l'encourager. Il eût été heureux pour lui de ne s'être montré au Public que par le S. Charles. Les autres Tableaux qu'on lui attribue, quoiqu'ils ne soient pas sur le catalogue, ne sont pas faits pour soutenir les idées que son Tableau de réception ont données de lui.

Il faut aussi convenir que les Peintres employés pour décorer les Eglises ne sont pas souvent dédommagés des frais de leurs études. Au contraire, les Tableaux dont le Roi, par une munificence très-utile, entretient parmi nous le genre de l'Hiſtoire, ſont infiniment mieux payés : auſſi s'empreſſe-t-on d'en obtenir. Il eſt vrai qu'on les fait ſouvent avec bien de la célérité : mais qu'importe ? on a rempli ſa tâche & le but qu'on s'étoit propoſé. Nous craindrions de prêter ces vues à MM. *de la Grenée* jeune & *Taraval.* Nous conviendrons même que leurs Tableaux ont des parties dignes de la réputation des Auteurs. Le premier, dans le Tableau (pour le Roi) dont le ſujet eſt *Moyſe ſauvé des eaux par la fille de Pharaon*, préſente un grand charme d'agencement. Le ſecond a une exécution ferme & réſolue. Son Tableau (auſſi pour le Roi) repréſente *Hercule enfant, étouffant deux ſerpens dans ſon berceau.* Mais point de parti pris ſur les lumières dans ces deux morceaux; nul choix dans les airs de tête, dans les plis des draperies, dans les formes des pieds & des mains. M. Taraval ſur-tout n'eſt pas de la même force, lui qui a expoſé, en 1783, un Tableau que nous avons donné à nos lecteurs comme un des meilleurs de ce Sallon. Mais les armes ſont journalières ; & ceci, Meſſieurs les Artiſtes, doit vous rendre indulgens ſur les chûtes de vos confrères.

Avec plus de recherches & d'études, M. *Vincent*

n'a pas été plus heureux cette année. Il a paru jusqu'ici ingénieux dans ses compositions, frais dans son coloris, & intéressant par les caractères de ses têtes. Pourquoi ses deux sujets d'*Aria* & *Pœtus* présentent-ils des compositions froides, & sont-ils d'un coloris noir & lourd ? Dans le grand Tableau qui est pour le Roi, Aria, après s'être donné le coup de poignard dont elle veut que son mari se perce à son tour, n'a pas l'air de le lui présenter : elle ne tombe pas non plus de foiblesse ; son mouvement est indécis & même équivoque. Le beau groupe antique, dont nous possédons une si belle copie aux Tuileries, pouvoit, sans une imitation servile, donner à l'Artiste l'idée d'une composition plus noble. Elle ne montre pas une disproportion, telle qu'il l'a faite, entre la grandeur énorme de Pœtus & celle de sa femme, bien que sur le même plan. Dans le petit Tableau, Pœtus a un caractère de tête peu noble ; & Aria semble accourir en offrant le poignard à son mari : elle n'a dû cependant le proposer qu'après quelques discours.

Deux nouveaux Académiciens, M. *Taillasson* & M. *le Barbier* l'aîné, ont voulu, dans cette exposition, joindre les suffrages du Public à ceux de l'Académie. Ils y sont parvenus par deux manières très-opposées : le premier, par une fermeté qui va quelquefois jusqu'à la roideur & à la séchereſſe ; le ſecond, par cette *Vaghezza* ſi vantée des Italiens, mais qui ſouvent ne donne pas du corps aux objets. Le deſſin de la Figure de *Jupiter endormi ſur le Mont Ida, & careſſé par Junon*, de M. le Barbier, eſt foible & a peu de caractère : celui de M. Taillaſſon eſt d'une certitude qui tient quelquefois de la dureté. Le ſujet du Tableau de ce dernier demandoit des formes grandes & prononcées, mais vraies : il repréſente *Philoctete à qui Ulyſſe & Néoptoleme enlèvent les flèches d'Hercule.* On a remarqué avec ſatisfaction que la tête d'une *Sainte Thérèſe*, du même Auteur, étoit pleine d'un ſaint enthouſiaſme. Quant à M. le Barbier, ſes charmans deſſins dédommageront toujours des taches de ſes Tableaux.

Perſonne ne refuſe à M. *Callet* la facilité de l'invention : il a fait ſur cela ſes preuves. Ainſi nous n'entreprendrons pas de le juſtifier ſur la reſſemblance de ſon *Achille traînant le corps d'Hector devant les murs de Troye & ſous les yeux de Priam & d'Hécube, qui implorent le vainqueur* (Tableau pour le Roi), avec la compoſition d'*Hamilton.* Il eſt de ces ſujets difficiles à ſentir de diverſes manières. On pourroit le reprendre ſur la diſtribution des lumières qui ſuivent une ſeule ligne dans ſon Tableau, & qui, dans celui d'Hamilton, eſt au moins interrompue par quelques figures acceſſoires, & ſur le ton de couleur qui n'eſt nullement celui de la brillante Phrygie. Les têtes d'Achille ſe rendent ſi rarement, que celle de M. Callet eſt excuſable.

M. *Berthelemy* a fait plus d'efforts pour donner du caractère & de l'expreſſion dans le ſujet dont il a été chargé auſſi pour le Roi : c'eſt *Manlius Torquatus, condamnant à la mort ſon fils, quoique vainqueur, pour avoir combattu malgré la défenſe des Conſuls ;* exemple frappant de la diſcipline militaire. On ſeroit peut-être fondé à recommander à M. Barthelemy un peu moins d'égalité dans ſes effets & dans ſes tons de couleur. Il enfante de belles compoſitions ; & à cet égard ſon Tableau eſt ſupérieur à celui du dernier Sallon.

L'affluence des *Dames Romaines apportant des bijoux aux Tribuns qui vouloient offrir une coupe d'or à Apollon dans ſon Temple de Delphes, après la priſe de Veïes*, n'a pas été bien exprimée dans la compoſition de M. *Brenet* (Tableau pour le Roi). Ces attitudes droites & froides, ces grouppes iſolés ne ſont pas propres à rendre l'empreſſement. D'ailleurs, il n'y a pas grand concours à *ce Bureau de générosité.* Une ſeule femme jeune met un peu plus de mouvement dans ſon action. Le Peintre a ſans doute voulu exprimer par-là qu'elle ſent un peu moins que les plus âgées, le beſoin de la parure. La gravité froide des Tribuns marque auſſi, de leur côté, qu'ils ſont accoutumés

aux

aux actes de vertu. On admire au reste dans ce Tableau, comme dans tous ceux de M. Brenet, la solidité & la vérité dans ses effets de lumière. On tourne autour de chaque grouppe, de chaque figure; & ce qui est très-précieux, l'air circule par-tout, & la superficie plate de la toile disparoît. Il y a aussi des têtes agréables & des *extrémités* très-bien rendues.

Tels sont, dans ce Sallon, les Ouvrages d'Histoire, dignes de remarque, si l'on en excepte quelques-uns de plus petites formes, sur lesquels nous pourrons avoir occasion de revenir. Le goût régnant de notre Ecole tend au simple & au grand : elle donne plusieurs exemples de dessin du plus grand caractère. Quant au coloris, nous avons quelques Tableaux, tels que ceux de M. *Vien* & de M. *David*, qui sont d'un bon ton quoique uniforme. Mais, en général, on en a adopté un noir, lourd, souvent *ardoisé*, autant & même plus éloigné de la nature que le *blafard* si long-temps reproché à nos Peintres. On en voit même qui abandonnent un ton vrai de lumière qui leur est naturel pour ce noir *infernal*. Le sujet de *Mézence* étoit-il, il y a deux ans, de ce genre? M. *Taillasson* y a substitué cette année de l'absolument noir dans sa *Sainte Therèse*, & autres. M. *Renaud* nous a montré, dans ce Sallon, un *Pygmalion* d'un effet lumineux & argentin, qui fait la condamnation du coloris de *la mort de Priam*. M. *Vincent* s'eſt ſoutenu en noir : on doit eſpérer qu'il nous ramenera les teintes de ſon *Molé*, & même celles de ſon *combat des Romains & des Sabins*, que nous ſommes forcés de regretter.

Paſſons aux Tableaux de genre. Peu de Peintres ſont faits pour attirer la foule des admirateurs comme Madame *le Brun*. Il y en a encore moins qui ont l'art d'enchanter autant le Public par de ſéduiſantes productions. Notre admiration pour elle n'eſt cependant pas excluſive, & nous ne prenons pas le ton de ces enthouſiaſtes qui crient dans le Sallon, dans les Jardins publics, dans les Cafés : *Madame le Brun a écraſé Roſlin ; elle vaut mille fois mieux que Dupleſſis ; Veſtier n'en approche pas ; elle triomphe de Madame Guiard.* Ces exclamations tiennent de l'eſprit de parti : elles ſont dangereuſes, & il faut bien ſe garder d'y ajouter foi. Chaque Peintre diſtingué a ſon mérite qui ne détruit pas celui de l'autre. C'eſt au Public à ſe décider pour chacun, ſelon ſon goût.

Richeſſe & brillant dans les couleurs, graces & nouveautés dans les attitudes, goût exquis pour les ajuſtemens, telles ſont les parties qui caractériſent les rares talens de Madame le Brun. Quelquefois auſſi ſes attitudes ſont un peu forcées ; ſon deſſin ſur-tout, dans les mains, eſt peu correct ; son coloris n'a pas la variété & la simplicité de la nature ; & néanmoins Madame le Brun a un talent qui distingueroit un homme.

Cela n'empêche point que Madame Guiard ne mérite de grands éloges par la résolution de ses effets, par la fermeté & la facilité de son exécution. Son talent répond à la forme d'une *Diane ;* celui de Madame le Brun tient à celle d'une *Vénus.* Madame Guiard s'est peinte en pied, ayant derrière elle deux Elèves. Cet ouvrage a le plus grand succès & le mieux mérité. Le portrait de M. le Contrôleur-Général, ceux de Madame *de Crussol*, de Madame *de Clermont-Tonnerre*, *une Bacchante*, &c., par Madame le Brun, ont reçu les plus justes applaudissemens. Ainsi, ces deux Dames sont deux célèbres rivales qui ont des droits égaux à l'admiration publique.

On a placé un grand portrait de Dame de M. *Duplessis*, entre un Tableau assez noir de M. *Roslin* & un de couleur ardente par Madame *le Brun ;* & ce portrait y a beaucoup perdu. Ainsi la comparaison nuit aux meilleurs ouvrages dans l'exposition publique. M. Duplessis, Dessinateur pur & exact, dont la couleur est plus fine que puissante, dont le pinceau est si précieux, doit être vu de près. On a été à portée de sentir tout son mérite dans les portraits de M. *de Chabanon*, de M. *Ducis* l'Américain & autres, tous dignes de sa réputation.

M. *Roslin* avoit toujours été vanté pour ses étoffes : il s'est encore surpassé cette année dans un petit Tableau où *une Dame en pied, vue par le dos, achève sa toilette devant une glace :* elle est habillée de satin blanc, d'une légéreté & d'une vérité de couleur surprenantes. Si l'ensemble & les détails des figures de ce Tableau étoient d'un dessin plus correct, si les chairs en étoient d'une couleur plus légère, il disputeroit de prix avec ceux de *Netscher* & de *Terburg*. On a lieu d'être satisfait des portraits de feu M. le Président *de Nicolaï*, & de M. le Comte *d'Affry*, sur-tout pour le choix de l'attitude de celui-ci : mais on a regardé comme impossible que ces deux personnes fussent l'une & l'autre de teinte si brune & de couleurs *briquetées* si également.

M. *Vestier*, nouvel Agréé, entre dans la carrière : il s'y présente avec le pinceau le plus soigné & le plus flatteur. Son coloris est frais sans être fade ; il est aimable : mais il l'adopte pour toutes ses têtes. Ce qu'il y a à craindre, c'est que des talens si faits pour plaire, & dont M. Vestier use avec tant de facilité, ne l'écartent du goût de l'exacte imitation de la nature, seul moyen de faire des progrès dans les Beaux-Arts. Le portrait de Mademoiselle sa fille en pied, & peignant le portrait de l'Auteur, est le plus considérable de ses ouvrages. Il y manque un peu de ce que les Peintres appellent *les grandes masses d'ombre & de clair.*

Un cadre rempli de miniatures contient les plus charmans ouvrages de M. Vestier : c'est un genre dans lequel il excelle ; & c'est en faire un grand éloge que de le placer au niveau de M. *Hall.* Si celui-ci l'emporte sur les talens du premier, ce n'est pas par l'agrément de l'exécution, ni par la rondeur donnée aux objets, mais seulement par la légéreté de la touche, l'esprit dans les caractères de ses têtes, & sur-tout la variété, & la grace des ajustemens. Les ouvrages de ces Peintres sont aussi remarquables par leurs modèles : on y voit les portraits de plusieurs personnes distinguées qui n'ont pas voulu être nommées dans le Catalogue, & par-dessus tous, le Roi de Suède.

Quel que soit le mérite des ouvrages de M. *Wertmuller*, il faut avouer qu'ils sont infiniment relevés par l'emploi de ses talens. Ils ont été occupés à perpétuer l'image de la Reine, & des rejettons précieux qu'elle a donnés à la France. Sa Majesté est représentée *se promenant dans les jardins de Trianon, au milieu de Mgr. le Dauphin & de Madame, Fille du Roi.*

On voit cette année au Sallon quatre portraits d'anciens Académiciens, destinés à décorer les Salles de l'Académie. Cet usage d'essayer ainsi les talens des nouveaux admis dans le genre du Portrait, a l'avantage d'immortaliſer les Artiſtes diſtingués. Ainſi leurs ſucceſſeurs auront le plaiſir de reconnoître dans le portrait de M. *Vien*, par M. Dupleſſis, celui qui a renouvellé le goût du bon ſtyle dans l'Ecole Françoiſe; dans celui de M. *Amédée Vanloo*, un Peintre auſſi habile, que précieux & aimable citoyen. Celui de M. *Bachelier* éterniſera l'image d'un homme ſpirituel qui a abandonné la gloire que procurent les Arts pour être le Fondateur d'une Ecole de deſſin ſi utile aux Métiers & à la Patrie. Enfin ils verront dans M. *Caffiéri* un Sculpteur plein de talens, & ils auront toujours préſens l'ame douce & ſenſible, l'eſprit de juſtice & d'indulgence qui l'ont porté à mettre en valeur & à encourager les efforts des jeunes Artiſtes.

Le nom de M. *Céſar Vanloo* nous rappelle le célèbre *Carle Vanloo*, ſon père, Artiſte chéri par ſes talens, autant que par ſon cœur & ſon affabilité. Le fils paroît s'être conſacré à l'étude des payſages, genre dans lequel il peut acquérir une grande réputation, ſi à la richeſſe de ſes ſites, à la légéreté de ſa touche, il peut joindre plus de richeſſe de couleur & des effets plus piquans. Son Tableau qu'il a intitulé *Temple de la Sybille à Tivoli*, eſt un ouvrage fait pour ſe ſoutenir dans nos meilleures collections.

La touche de M. *Nivard*, plus large, est en même temps plus égale & plus pesante : mais que ce Peintre acquiert des droits à l'estime des connoisseurs par la puissance de son coloris, par le piquant & la certitude de ses effets !

M. *Hue*, dans ses paysages, offre des détails de composition & une variété de touche peu commune. C'est dommage que sa couleur ait de l'égalité, & que ses figures soient d'une longueur exagérée. Cette partie foible dans ses Tableaux, comme dans ceux de M. Nivard, fait sentir tout le prix des figures de M. César Vanloo.

L'âge ni le temps n'ont point d'influence sur les talens de M. *Vernet* : ils sont toujours en pleine vigueur. L'*Orage* qu'il a peint pour S. A. R. le Grand-Duc de Russie, est une de ses capitales productions : elle est digne de son meilleur temps. Ses autres Tableaux, quoique inférieurs à celui-ci, ont toujours un caractère de grand, propre aux ouvrages de leur Auteur. Si, dans ces Tableaux nouvellement peints, les tons des objets sont *cruds*, si les eaux sont trop vertes, le temps sans doute leur donnera cette douceur & cet accord de tons nécessaires pour la ressemblance avec la nature.

M. *Robert* a peint un coin de l'*intérieur de la ville de Rome, où l'on tient le marché au poisson, sous les débris d'un monument bâti par Auguste.* Ce charmant Tableau, d'un *ton argentin*, d'une touche légère, d'un effet vrai, a flatté les yeux des Connoiſſeurs. Celui où il a réuni les *Monumens antiques de la France*, ſous le ciel chaud du Languedoc, doit entrer dans la collection d'un Prince (le Grand-Duc de Ruſſie) fait pour apprécier les grands talens. Un autre Tableau, *l'Incendie dans un monument conſtruit ſelon les uſages de l'ancienne Rome*, a le défaut commun à ces ſortes de choix, celui d'être une eſpèce de camayeu rougeâtre : il eſt auſſi deſtiné pour le cabinet du Grand-Duc de Ruſſie.

C'eſt toujours une épreuve rigoureuſe que celle de la comparaiſon qu'on peut faire de la nature avec les Tableaux de M. *de Machy* : il la ſoutient avec un ſuccès conſtant. Les points de vue les plus piquans de cette capitale & des environs occupent ſon goût & ſa ſavante perſpective. Nous avons été flattés qu'il ſe ſoit rencontré avec nous, par le choix qu'il a fait du nouvel eſcalier du Palais, dont nous avons fait mention dans notre Feuille du 26 Mai de cette année. Cet Artiſte nous préſente auſſi différens côtés de *la Place de Louis XV*, dans des circonſtances intéreſſantes, & la magnifique Orangerie de Verſailles, l'un des plus beaux édifices de ce ſéjour de nos Rois. La critique continuelle qu'on fait des figures dans les ouvrages de M. de Machy, eſt auſſi déplacée que l'attention qu'on mettroit à blâmer les fautes d'architecture dans un tableau d'Hiſtoire.

N'oublions pas de vanter les précieux Tableaux de fleurs de M. *Van-Spaendonck*. Mad. *Vallayer-Coſter* ſoutient, dans cette partie & dans deux Tableaux d'un chien de chaſſe & de gibier, ſon ancienne réputation. Nous aurions deſiré qu'elle ſe montrât davantage au Public dans ce genre de productions : elle y jouit d'une ſupériorité qui la caractériſe bien plus avantageuſement que le genre du portrait, dans lequel cependant elle ne s'exerce pas ſans quelque avantage.

M. *de Marne* continue d'être vraiment précieux pour les Amateurs du fin & du brillant ? Ceux qui ne recherchent que l'imitation exacte deſireront moins de tranſparence & plus de vérité de formes dans la repréſentation des objets de la Campagne. M. *Débucout* a fait auſſi des Tableaux pleins d'agrément : mais il nous a ſemblé, par le ſouvenir des divers Auteurs qu'ils rappellent, qu'il auroit beſoin d'avoir un genre auquel il s'attachât plus ſpécialement & qui lui devînt perſonnel, ſoit dans ſon deſſin, ſoit dans ſon ton de couleur, ſoit dans les ajuſtemens de ſes Figures.

La gaieté ordinaire à la nation Françoiſe ne lui a pas laiſſé voir, ſans quelque déplaiſir, que l'eſpèce d'accord des ſujets du Sallon tendoit cette année aux ſcènes les plus triſtes. Deux fois le corps d'*Hector*, le tombeau d'*Antoine*, la mort de *Priam*, celle d'*Alceſte*, d'*Aria*, la fille de *Jephté* (1) allant au-devant de ſon père qui déchire ſes vêtemens; la peſte de Milan, l'Extrême-onction, &c. &c. Mais où le hazard paroît le plus malencontreux, c'eſt dans les Tableaux de M. *Wille*, dont le genre *françois* devroit ne nous occuper que de ſcènes gaies. Or, dans l'un, il repréſente *le Maréchal des Logis du Régiment d'Artois, qui délivre une jeune fille en bleſſant les deux ſcélérats qui l'avoient attachée à un arbre;* & dans l'autre, *une jeune femme mourante au milieu de ſes enfans, qui recommande ſon père & ſa mère à ſon mari.* Au reſte, les peintures de M. Wille ſont vives, & plaiſent à l'œil : n'eſt-ce pas un dédommagement de la triſteſſe des ſujets ?

Les bornes dans leſquelles nous ſommes renfermés ne nous ont point permis de parler de tous les ouvrages du Sallon. Il y en a que leur médiocrité ſemble faire oublier : d'autres ſont, pour ainſi dire, noyés dans la multitude, & qui cependant, iſolés, mériteroient l'eſtime, peut-être même la ſupériorité ſur des ſujets plus vaſtes, ou d'un plus grand intérêt. Tels ſeroient la ſage compo-

(1) C'eſt un grand Tableau pour le Roi, de M. Amédée-Vanloo, dont on a oublié de faire mention en parlant des Tableaux d'Hiſtoire.

ſition du Sacrement de l'Extrême-onction, les deſſins de M. *Bardin ;* les deux petits portraits de M. *Robin*, ſpécialement celui de M. l'Abbé de Sainte Genevieve, dont la tête & l'habillement ſont d'une ſi grande vérité ; les Tableaux de M. *Sauvage*, qui repréſentent des bas-reliefs imitant le bronze, le vieux marbre, la terre cuite ; les eſquiſſes & les deſſins de MM. *Renaud*, *Julien*, *la Grenée* le jeune, &c. &c. &c.

On s'écrie avec aſſez de légéreté : les Sculpteurs ſont plus forts que les Peintres. Peut-être vaudroit-il mieux dire : la Peinture réunit plus de parties que la Sculpture ; donc il eſt plus difficile d'y approcher de la perfection. Quoiqu'il en ſoit, nous allons voir, en ſuivant l'opinion publique, que les plus beaux ouvrages en ſculpture laiſſent encore des choſes à deſirer.

Ceux qui ſont le moins dans ce cas, ſont les figures en marbre du bon *la Fontaine*, par M. *Julien*, & du profond *Paſcal*, par M. *Pajou*, toutes deux pour le Roi. Il ſeroit difficile de trouver beaucoup à reprendre dans ces deux Statues, dont les modèles ont été honorés, dans le dernier Sallon, de l'approbation publique. On a dit que le bas de la Figure de la Fontaine étoit trop reſſerré pour le haut, & que l'attitude de Paſcal étoit trop celle de la contention pour caractériſer l'eſprit facile de ce rare génie : mais ces opinions ne ſont pas générales ; & ſi elles étoient vraies, elles prouveroient l'impoſſibilité de la perfection.

Il n'en eſt pas de même de la *Pſyché abandonnée*, modèle en plâtre pour le Roi, par le même M. Pajou, & qu'on voit dans ſon Attelier, Cour du Louvre. Les Cenſeurs les plus éclairés n'ont pas trouvé dans cette Figure les graces enchantereſſes qu'on doit prêter à l'Amante de l'Amour. Les poignets, les jointures des pieds, les genoux, n'ont, dit-on, ni la fineſſe, ni le choix néceſſaires à une ſublime beauté : la tête même en manque ; le travail en a été trouvé ſec. Mais l'exécution en marbre laiſſe de grandes reſſources à M. Pajou pour le ſuccès d'une Figure qui doit ſervir de pendant au chef-d'œuvre de l'immortel *Bouchardon*, & dont la penſée d'ailleurs & l'attitude ſont des plus heureuſes. Les portraits du même Auteur ſont beaux, quoique d'un *rendu de formes un peu rond.* Celui de Madame *le Brun* néanmoins reſpire tout l'eſprit de l'original.

Le *Ganimède* de M. Julien a une attitude digne de la ſimplicité antique : ſa tête eſt charmante. De légers détails dans les pieds, les mains, & quelques autres parties de cette Figure trouvent auſſi de légères critiques.

Nous aurions déjà dû nous entretenir du plaiſir que M. *Boizot* a procuré au Public, par la vue du buſte en marbre de notre Monarque. On eſt toujours ſûr du ſuccès, en préſentant des reſſemblances ſi chères à notre nation.

La Figure de *Racine* en plâtre, par le même, & deſtinée pour le Roi, eſt ſuſceptible d'obſervations importantes. Ou ce grand Poëte eſt occupé de quelques morceaux ſublimes dont il reçoit l'inſpiration; alors ſa tête eſt trop froide, & ſes yeux ſans action; ou bien il s'attache à exprimer quelques mouvemens du cœur humain; & dans ce cas, c'étoit à la hauteur des hommes qu'il devoit porter ſes regards. Avant d'exécuter ce morceau en marbre, M. Boizot interrogera des amis ſévères, & il donnera à cette Figure toute l'attention qu'exige le grand homme qu'il eſt chargé de tranſmettre à la poſtérité.

On doit en dire autant de celles de *du Queſne*, par M. *Monot*, & du *Grand-Condé*, par M. *Rolland*; deux modèles en plâtre qui doivent être auſſi exécutés en marbre pour le Roi. Ces Figures n'ont ni dignité, ni grandeur, ſoit que la forme de l'habillement de leur ſiècle y contribue, ſoit que les mouvemens de leurs attitudes aient une affectation choquante. Nous ne ſommes en ceci que l'écho du grand nombre des Connoiſſeurs; & ces habiles Artiſtes qui ne paroiſſent pas avoir rempli leur tâche d'une manière digne d'eux, ont à ſuivre l'exemple généreux de M. *Clodion*, qui refit la ſtatue de *Monteſquieu.*

Le Maréchal *de Vauban* (pour le Roi), a gagné de la légéreté dans le marbre qu'en a fait M. *Bridan.* On voudroit que le corps de *Mathieu Molé*, Premier Préſident, Garde-des-Sceaux, modèle en plâtre, qui doit être exécuté en marbre pour le Roi, par M. *Gois*, fût plus expliqué ſous ſes draperies, & que ſa tête ſpirituelle eût des détails plus vrais.

La portrait de M. *de Machy*, Peintre du Roi, par M. *Beruer*, eſt digne d'éloge : mais les *maquettès* (1) qu'il donne pour eſquiſſes, ainſi que celles de M. *Mouchy*, n'ont rien de ce qu'il faut pour que le Public prononce.

Le Fleuve de M. *Foucou* a reçu une récompenſe dont il étoit digne par ſa réception à l'Académie. Avec quels ſentimens de plaiſir & d'admiration ne voit-on pas le portrait du célèbre M. *de Suffren*, que le ciſeau de M. Foucou & de M. Monot immortaliſent encore moins que ſes grandes actions !

Les Figures du *Combat d'Ulyſſe & d'Ajax à la lutte*, grande eſquiſſe de M. *Moitte*, ſont courtes ;

---

(1) On appelle *maquettes*, en Sculpture, le premier jet de l'idée de l'Artiſte ; ce qui revient au premier croquis des Peintres.

mais les caractères de tête sont bien indiqués. Sa *Vestale* annonce une belle Figure à laquelle le marbre ajoutera, dans les parties nues, des souplesses & des graces de formes, qui paroissent manquer un peu dans le modèle.

Trois nouveaux Agréés à l'Académie, M. *Milot*, par un *Socrate ;* M. *de Seine*, par un *Diogène ;* M. *de Laistre*, par un *Philoctète*, ont tous trois des talens qui méritent d'être encouragés, & qui se développeront en proportion des occasions. Le portrait de M. Pajou, par le second, a semblé un peu trop agréable, & n'a pas cet air d'étude qui convient si bien à la tête d'un Artiste aussi grave que M. Pajou.

Abel expirant sous les coups de Caïn : voilà, de la part de M. *Stouff*, nouvel Académicien, un coup de maître. Toute la souplesse, l'aisance, la finesse de la nature, il a su les rendre dans ce morceau. Les observateurs difficiles y ont cependant remarqué peu du grand goût de l'antique.

Les Bustes distingués de M. *Caffieri*, sont depuis long-temps en possession de la prééminence, par leur agencement, le jeu de toutes les parties, & une exécution *moëlleuse* & *ragoûtante.* On voit de lui cette année au Sallon *Thomas Corneille*, buste en marbre pour le foyer du Théâtre François ; *Nicolas Boileau*, & plusieurs portraits en terre cuite.

Il ne paroît manquer aux portraits de M. *Hou-*

don que la couleur des prunelles & de la peau; parties que la Sculpture ne peut rendre pour être les perſonnes elles-mêmes. Tout ce que M. *le Noir*, ancien Lieutenant de Police, a d'agréable & de fin, tout ce que la tête du Prince *Henri* a d'un profond penſeur, ſe trouve dans leurs buſtes en marbre. Il a donné à celui du ſieur *la Rive*, auſſi en marbre, dans le rôle de *Brutus*, l'ajuſtement & le ſtyle de Rome antique. C'eſt dommage qu'en nous enlevant pluſieurs autres de ſes ouvrages, le comité académique nous ait privé de connoître ceux qu'il a ſi bien repréſentés.

Il y a beaucoup de vérité dans le *Philopœmen buvant la ciguë*, par *M. de Joux ;* Figure en plâtre de cinq pieds de proportion : mais ce n'étoit que d'après Philopœmen même qu'il étoit permis de le rendre tel qu'il eſt : or, comme la choſe n'étoit pas poſſible, il ne falloit point qu'il en fît un ſi pauvre Général. Aſſurément dans ce caractère d'homme abject, on ne reconnoîtra jamais le vainqueur de Lacédémone, même après les malheurs qu'il eût éprouvés.

L'homme célèbre que nous venons de perdre, M. *Pigalle*, a pu porter dans notre Ecole le goût de cette nature pauvre, fidellement rendue ; car telle eſt l'influence des Anciens dans les Corps, qu'on adopte juſqu'à leurs erreurs, pour avoir leur ſuffrage. Si ce ſyſtême de rendre la nature

ſans

ſans nul choix devenoit général, à quoi ſerviroient les travaux des Grecs pour les proportions des enſembles & des formes, qui ſeuls peuvent donner l'idée des Dieux & des Héros ? C'eſt par leurs combinaiſons ſur la nature la plus belle qu'ils étoient parvenus à s'élever, pour ainſi dire, au-deſſus d'elle. C'eſt en ſuivant leur *règle* que le ſavant Sculpteur dont nous parlons, a fait la *Vénus*, & ſur-tout le *Mercure* qui ont commencé ſa réputation ; & c'eſt en s'en écartant qu'il a fait des ouvrages d'une vérité précieuſe, mais d'un choix rebutant. La ſtatue nue de *Voltaire*, celle du Duc *d'Harcourt* à Notre-Dame, malgré leurs rares beautés, ſont une critique immortelle du ſyſtême qu'il s'étoit fait.

M. Pigalle portoit dans la ſociété, & même dans ſa Compagnie, la *véracité* de ſa ſculpture, ſi l'on peut employer cette expreſſion ; & c'eſt-là qu'elle étoit inappréciable : c'eſt dans cette franchiſe hardie qu'il devroit être imité. Né dans les premières années du règne de *Louis XV*, près de Paris, il dut ſon inſtruction au frère le plus généreux & le plus aimable ; & l'on ſait comment il a rendu à ſa famille ce qu'il en avoit reçu, en épouſant ſa nièce, en formant les talens de ſon neveu, & en obligeant tous ceux qui lui étoient attachés par les liens du ſang. Le teſtament de Bouchardon qui le chargea d'achever la Place de

Louis XV, ne l'honorera pas moins dans la postérité, que le Tombeau du Maréchal *de Saxe*, & la statue de Reims, son plus bel ouvrage. Son amour pour le travail étoit infatigable; & c'est en s'occupant du beau portrait de M. *Perronnet*, qu'on voit au Sallon, que la mort l'a surpris.

La plupart des morceaux de Gravure que l'on voit au Sallon sont déjà connus du Public : nous les avons annoncés nous-mêmes dans notre Journal, au moins ceux qui nous sont parvenus. Nous ne terminerons pas néanmoins nos observations sans rendre justice aux talens réels de M. *Moreau* le jeune. Ses dessins, dans le costume François, seront toujours estimés des Connoisseurs : mais c'est particuliérement par ses Portraits qu'il intéresse dans ce Sallon; il les rend avec vérité. Ses crayons même approchent des teintes de la nature.

Deux Graveurs nouvellement reçus à l'Académie, M. *Bervick* & M. *Massard*, se distinguent éminemment, le premier, par une coupe savante, & le second, par l'expression des effets de ses originaux.

FIN.

www.ingramcontent.com/pod-product-compliance
Ingram Content Group UK Ltd.
Pitfield, Milton Keynes, MK11 3LW, UK
UKHW022156190726
13855UKWH00004B/1514